# PRÉCIS RAPIDE

## DES ÉVÉNEMENS

## QUI ONT EU LIEU A PARIS

Dans les journées des 30 & 31 Mai, premier & 2 Juin 1793.

Par A.-J. GORSAS, Député à la Convention Nationale, l'un des XXXIV Proscrits.

# PRÉCIS RAPIDE

## DES ÉVÉNEMENS

## QUI ONT EU LIEU A PARIS

*Dans les journées des 30 et 31 Mai,
premier et 2 Juin 1793.*

Par A.-J. GORSAS, Député à la Convention
Nationale, l'un des XXXIV Proscrits.

---

*Incedo per ignes.... — Virg.*

---

Depuis la fameuse nuit du 10 mars, Paris
ne jouissoit que d'un calme apparent ; l'anarchie avoit envoyé ses émissaires dans les diverses parties de la république ; ces apôtres du
brigandage, couverts d'un faux masque de
patriotisme, affectant le langage et les habitude du peuple, afin de le mieux tromper,
avoient la mission secrette de désorganiser les
départemens, d'exciter les défiances, d'armer
cette classe si honorable d'hommes, dont le
travail et l'industrie sont de véritables propriétés, contre les citoyens qu'ils désignoient

A

sous le titre de riches, et sur lesquels ils appelloient les proscriptions et les vengeances.

Le succès ne répondit point aux espérances du crime : dans les départemens, ils trouverent de vrais français, de généreux républicains, qui, ralliés auprès de l'arbre de la liberté et serrés autour du faisceau de la loi, ne connoissoient point le langage de la licence, respectoient les propriétés, et dont le cri de ralliement étoit *Paix aux hommes vertueux, guerre aux souffleurs d'anarchie !* ....

Bientôt les cent têtes de l'hydre éparses dans les départemens se réunirent à Paris, où la principale continuoit ses ravages et méditoit de nouveaux attentats.

Mais depuis quelques jours les bons Citoyens commençoient à sortir de la longue léthargie où la terreur les avoit trop long-tems entretenus. Les sections opprimées par des comités révolutionnaires, composés en général d'hommes nouveaux, d'hommes qui portoient sur leur front le cachet de la honte, et qui, ne devant leur existence politique qu'à leurs crimes, ne pouvoient la conserver que par des forfaits ; les sections, dis-je, commençoient à voir revenir dans leur sein les hommes vertueux que l'intrigue et l'audace en avoient expulsés. Une lutte s'établit alors entre le crime et la vertu, et la victoire restoit presque toujours à cette dernière. Les sections du Mail, des Champs-Elysées, de la Butte des Moulins, présenterent des pétitions énergiques ; elles jurerent de maintenir la liber té

5

de la Convention , de maintenir son intégrité et de la défendre contre les attaques trop multipliés que le peuple soudoyé des Triumvirs dirigeoit chaque jour contre les représentans du véritable peuple.

Plusieurs adresses des départemens vinrent en même-tems électriser les bons et faire pâlir les méchans; des députés de Nantes , de Marseille et de la Gironde , parurent successivement à la barre; ils y parlerent le langage de l'honneur et du patriotisme ; le vieux de la montagne trembla , et ses satellites incertains parurent cesser un moment d'aiguiser leurs poignards ; enfin , Robespierre , qui n'est brave qu'au milieu des tombeaux et des cadavres , disparut pendant trois ou quatre jours ; mais l'on conjure aussi dans les souterreins!

L'auarchie étoit sur le penchant de sa ruine, elle étoit prête à tomber elle-même dans le précipice qu'elle avoit creusé pour ensevelir les victimes de la nouvelle Septembre qu'elle méditoit : elle sentit donc la nécessité de faire un dernier effort.

Je viens de dire qu'il s'étoit formé à Paris quarante-huit conciliabules révolutionnaire ; ce fut du sein de ces quarante-huit repaires ; ce fut du sein d'un autre repaire fameux , et qui avoit été long-tems l'asyle de l'homme de bien , le temple du patriotisme , le sanctuaire de la liberté , que s'échappa une horde de conjurés qui tinrent des sabats nocturnes à l'évêché , sabats auxquels assisterent les Chaumet, les Hébert, les Pache, les Varlet, les Hanriot, quelques membres gangrenés du corps électoral, de la commune de Paris; enfin, tous ces hommes de boue et de sang, dont les noms sont liés à tous les genres de crimes, qui auroient terni notre révolution glorieuse, si des hommes vertueux et persécutés n'en avoient pas assis les bases, et si, au milieu des proscriptions et des poignards, ils n'avoient combattu sans cesse le monstre du despotisme nouveau qui se revêt des honorables livrées de l'indigence, qui dégrade le titre respectable de *sans-culotte*, pour ravir, sous ce déguisement imposteur, les propriétés de l'homme *qui a*, et les propriétés plus sacrées encore de l'homme qui *n'a point*; c'est-à-dire, les inépuisables ressources du travail, trésor auquel on ne supplée point par les pillages, par les brigandages et par tous les excès révoltans, dont tels Proconsuls ont fait l'apologie.

Les conjurés eurent beau s'envelopper des ombres du mystère; leurs motions liberticides, leurs projets funestes, ne tardèrent point à être connus; ils étoient d'ailleurs retracés dans les libelles d'un homme odieux, dont l'existence politique est une monstruosité, et dont l'existence physique et morale est un tort de la nature et des loix; ils étoient retracés dans un écrit périodique du substitut de la commune Hébert, qui, sous l'enveloppe grotesque du Pere Duchêne, et prêchoit encore trois fois par semaine l'oubli de tous les principes, le mépris des plus saints devoirs.

Une fermentation sourde régnoit d'ailleurs

à Paris. Des femmes excitées par les furies, sans doute, se rassemblent ; elles s'arment de pistolets et de poignards ; elles prennent des arrêtés, courent les divers carrefours de la ville, portant devant elles l'étendard de la licence. Envain dénonce-t-on ce délit à la Commune ; envain veut-on en faire sortir les dangereuses conséquences. Pache répond qu'il n'y a rien à craindre. Que dis-je !...... ces bacchantes avoient été reçues au sein du conseil-général ; elles y avoient été accueillies, fêtées, et elles y avoient reçu l'accolade fraternelle. Et que vouloient-elles, que demandoient-elles ? elles vouloient *en finir* ; elles vouloient *purger la Convention* ; elles vouloient enfin faire *tomber des têtes*, *et s'enivrer de sang*.

Les bons citoyens de Paris ne purent pas voir avec indifférence de pareils excès ; ils la Convention forcée de délibérer sous le couteau des assassins, nomma une commission de douze membres, dont la probité et les vertus civiques jetterent l'effroi dans l'ame des conspirateurs et ranimerent l'énergie des bons citoyens, qui s'empresserent d'aller y déposer la connoissance qu'ils avoient de la trame ourdie contre la Convention et contre la République entiere.

L'anarchie est d'abord si attérée, que plusieurs de ses apôtres disparoissent ; les plus audacieux sentent alors la nécessité de se sauver par de nouveaux attentats ; s'ils n'avoient pas pour eux la majorité des Citoyens, ils avoient au moins toutes les autorités ; ils

avoient une Commune corruptrice et cor-
rompue ; ils avoient leurs brigands ; ils avoient
de l'argent pour les soudoyer et les recrute-
mens pour la Vendée avoient fourni des
sommes considérables, perçues arbitrairement
et sur des mandats, dont quelques journaux
ont donné la forme, et qui serviront de
piéces à l'histoire de l'anarchie.

Le conciliabule de l'évêché se fait cependant
renforcer par tout ce qu'il y avoit d'hommes
perdus à Paris. Varlet, que la commission
avoit fait arrêter à l'instant où il provoquoit
sur des trétaux les groupes du peuple, et dont
la prison s'étoit ouverte à la voix des brigands ;
Hanriot, fameux dans les massacres de septembre, Maillard, qui dans ces journées de
sang avoit présidé le chef-lieu des meurtres,
et duquel il existe un acte daté du 9 Septembre, dans lequel il prend le titre de *juge
souverain de ces fameuses journées* et *d'autorité constituée par le peuple* ; enfin, les
Hassenfratz et autres hommes de cette espece,
étoient réunis pour aviser aux *grandes mé-
sures*. Tel étoit l'état des choses, lorsque le
bruit se répand qu'on va sonner le tocsin,
que l'on va faire tirer le canon d'allarme ;
Lanjuinais, le digne Lanjuinais, prévenu par
moi de tout ce qui se passe, et qui d'ailleurs
avoit eu des renseignemens, monte à la tribune, dans la séance du jeudi soir ; il dénonce
spécialement Chabot ; mais la montagne
couvre sa voix ; et Chabot et plusieurs autres
agens du complot ont eu l'impudente audace

de traiter de chimeres de vaines terreurs d'une ame pusillanime la dénonciation d'une trame qui devoit avoir son exécution dans quelques heures.

Envain auroit-on voulu conjurer l'orage, il sembloit que tout étoit d'accord pour que la foudre tombât avec plus d'éclat.

La Convention avoit été insultée, et le maire Pache avoit répondu qu'*il n'y avoit pas de complot, qu'il ne s'agissoit pas de tocsin, et que tout étoit tranquille.*

On avoit consulté le Procureur-Syndic du département, et il avoit répondu on écrit qu'*il n'y avoit pas de complot, qu'il ne s'agissoit pas de tocsin et que Paris étoit tranquille.*

On avoit interrogé le ministre de l'intérieur, et Garat, toujours fidele à son système, ne voyoit dans tous ces mouvemens que des effets ordinaires de l'inquiétude ; et à l'heure même où le son du tocsin funebre alloit frapper les airs, il *ne prévoyoit aucuns complots ; il annonçoit la tranquillité, le bon ordre.*

Et cependant, au moment où la Convention levoit sa séance de nuit, à cet instant même les prétendus commissaires des sections de Paris, qui n'étoient autre chose que l'extrait impur des comités révolutionnaires, arrêtoient au nom du peuple de Paris ; au nom de la majorité de ce peuple, ami de la paix et des loix ; au nom de la saine partie de ce peuple qu'il faut bien se garder de confondre avec ce ramas de brigands, la plupart étrangers à cette grande ville ; il arrêtoient, dis-je, que Paris étoit en

insurrection, que le tocsin seroit sonné (1),
que le canon d'allarme seroit tiré, que la
municipalité seroit cassé.

En effet, le premier coup de tocsin parti
de la cité, fut le signal pour toutes les autres
sections. Des brigands se présentent aussi pour
tirer le canon d'allarme; mais l'officier de
poste s'y oppose, et ce ne fut guère que sur les
onze heures ou midi qu'on l'entendit pour
la première fois.

Les prétendus commissaires des sections,
cependant, s'étoient rendus au conseil-général,
où ils avoient préparé une parodie de ce
qui s'étoit passé dans la nuit du 10 août,
ils signifièrent à la commune qu'elle étoit
cassée; et la commune, docile à son rôle,
cède la place à ces *sauveurs* de la patrie;
ses membres se dépouillent de l'écharpe, mais
bientôt ils s'en revêtent de nouveau à la
la voix de la nouvelle autorité qui déclare
« qu'elles les recrée, et qu'elle vient les
renforcer pour opérer le salut de la patrie
en danger, de la patrie prête à être dévo-
rée par les douze ogres de la commission extraordinaire ».

Les citoyens de Paris avoient cependant
couru aux armes; mais, sans ordres et incer-
ains, ils s'étoient réunis à un drapeau qui

-------------------------------------------------

(1) On envoya sur-le-champ des ordres à des hommes
apostés pour sonner le tocsin, et il a été remis en mains
sûres une preuve de ce fait; c'est un reçu de l'ordre,
relatif au tocsin.

flottoit à la porte de chaque capitaine. Ce
fut dans cette journée (1) mémorable que la
Commission, après une lute d'une journée
entière, fut enfin suspendue (2) sans qu'on
voulût l'entendre, non pas pour sa justifica-
tion, l'intention de ses membres n'étoit pas
d'y descendre, mais sans qu'on voulût écouter
un rapport qui alloit déchirer le voile et
mettre au grand jour les trames des conspirateurs.

Il importe, avant de passer outre, de rap-
peler ici un fait : l'attitude de Paris avoit été
si imposante dans cette journée ; les bons
Citoyens s'étoient levés en une telle masse,
que les conjurés tremblèrent pour eux-mêmes ;
cependant pour venir à bout de leur dessein,
et dominer les délibérations de l'assemblée,
incertaine de ce qui se passoit au - dehors,
ils l'avoient fait environner par leurs affidés ;
ils eurent recours aussi à un autre stratagême
qui pouvoit avoir des suites funestes.

---

(1) La journée du 29 mai.

(2) On se rappelle ce qui s'étoit déjà passé deux jours
auparavant. Isnard, succombant à la fatigue, avoit cédé
le fauteuil à Fonfrède ; des cris, des hurlemens s'élèvent
contre celui-ci. C'est un membre de la Commission,
c'est un scélérat, s'écrie-t-on ! à bas ! —— Fonfrède
est obligé de se retirer, pour faire cesser cet horrible
vacarme. Hérant, *Avocat général du ci-devant Roi*,
s'empare du fauteuil, introduit de son autorité privée
une députation des soi-disant 48 sections ; on demande
les pouvoirs ; ce ne fut plus alors que de *prétendus députés
de 16 sections*. Enfin, sans délibération, Hérant a l'ef-
fronterie de prononcer le décret qui fut rapporté le lendemain par un appel nominal.

Vers les 5 heures du soir, le Fauxbourg Saint-Antoine, qui s'étoit levé comme tous les autres, sans savoir pourquoi, céda aux instigations qui lui furent faites, de marcher en armes à la Convention, au nombre de 8 à 10 mille. Pour les exciter encore d'avantage à cette démarche, on leur présenta la section de la Butte-des-Moulins entr'autres, comme une section contre-révolutionnaire ; on leur dit qu'elle avoit arboré la cocarde blanche ; pendant qu'on semoit ce bruit funeste dans le quartier des Quinze - vingt, on disoit à la Butte - des - Moulins, que les Fauxbourgs descendoient pour la désarmer. Ainsi, les ennemis de la chose publique, par cette double pefidie, étoient sur le point de faire verser le sang.

Déjà le Fauxbourg Saint - Antoine avoit braqué ses canons devant la principale porte du ci-devant Palais-royal ; déjà la Butte-des-Moulins, renforcée par quelques compagnies de la section du Mail, disposoit ses moyens de défense (1), et faisoit le serment de périr jusqu'au dernier, plutôt que de se laisser désarmer, lorsqu'un incident heureux changea l'état des choses.

« Qu'allons-nous faire, s'écrie un canonnier du fauxbourg ? faire couler le sang de

---

(1) Toutes les grilles avoient été fermées ; toutes les issues étoient gardées : un silence profond y régnoit ; enfin, le ci-devant Palais-royal présentoit l'aspect d'une place assiégée.

nos frères, sur un bruit répandu par un homme en écharpe, il est vrai (1), mais qui peut bien cependant n'être pas fondé, s'il n'a pas été jetté parmi nous dans des intentions les plus perfides. Camarades, avant tout vérifions le fait !

Une députation de trente brave sans-culottes se forme à la voix de ce digne citoyen ; elle entre dans l'avant-cour ; le premier signe qui frappe ses regards, est le bonnet de la liberté, et la cocarde *tricolor* à tous les chapeaux ; une explication franche et amicale dissipe tous les nuages ; les portes s'ouvrent ; les barrieres, les grilles n'opposent plus d'obstacles, et des braves gens, qui tout-à-l'heure étoient sur le point d'en venir aux mains, se jettent dans les bras les uns des autres, se pressent, se serrent, se demandent des excuses réciproques. Une scène affligeante suspend un moment ces épanchemens du patriotisme ; on apprend que le généreux commandant de la Butte-des-Moulins, celui qui deux ou trois jours auparavant avoit paru à la barre de la Convention, et qui étoit venu lui faire avec ses camarades, un rempart de son corps, venoit de tomber, frappé d'un coup de sang. La stupeur succède aux

_______________

(1) Ce n'a été, comme je l'ai dit, que par des suggestions abominables, que le fauxbourg a marché : on avoit le double dessein d'engager un combat avec la Butte-des-Moulins, dont l'anarchie vouloit se venger, et en même-tems d'effrayer la Convention.

élans de la joie ; on croit qu'il expire. On n'ignore pas que sa mort n'étoit due qu'à ses fatigues ; depuis trois jours il ne s'étoit pas couché un seul instant, et il succomboit à la douleur qu'il éprouvoit de voir arriver le moment fatal d'un combat ; un chirurgien accourt ; il lui ouvre la veine ; il répond de sa vie. Alors les cris de vive la république, d'anathême à l'anarchie, retentissent de toute part !...

Pendant que ces évènemens se passoient au dehors, la Convention nationale étoit livrée aux débats les plus affligeans ; assiégée par une foule d'hommes et de femmes sans pudeur ; elle délibéroit au milieu des huées (1) et des plus insultantes provocations ; et ces huées et ces provocations furent portées à un tel point, que plusieurs membres de la montagne crurent devoir, par politique au moins, s'élever contre ces excès ; l'un deux demanda même que la Convention se formât en comité général. Enfin, Lacroix, cédant à un mouvement qu'il auroit voulu retirer, s'écrie : *non*, *la Convention n'est pas libre !* — On connoît le résultat de cette journée ; la Commission des douze, après avoir lutté avec constance, après avoir assiégé la tribune

--------

(1) Des femmes armées retenoient captifs les députés, à moins qu'ils ne montrassent un signe convenu ; l'un d'eux, poursuivi par cinq ou six de ces mégères, fut obligé de sauter par une croisée.

pour faire son rapport, fut suspendue sans pouvoir obtenir la parole ni justice (1).

La nuit, les rues furent illuminées ; de nombreuse patrouilles circulèrent dans toutes les sections ; celles du Faubourg Saint-Antoine, qui avoient été reconduites par celles du Mail et de la Butte-des-Moulins, le livra pendant quelques heures à des plaisirs avoués par le patriotisme ; enfin, malgré la malveillance qui essaya de troubler la tranquillité publique, (2) le jour paroît sans que les bons citoyens aient eu à gémir d'aucune scènes affligeantes.

La suspension de la commission extraordinaire n'étoit qu'une demi - victoire pour l'anarchie. Un rapport devoit être fait par le comité de salut public, où les pièces devoient être déposées et examinées, conjointement avec trois membres de cette commission. Or, quelques astuces qu'on osât mettre en œuvre, quelques ressorts qu'on fît jouer, de quelque voile officieux qu'on essayât de couvrir la vérité, elle devoit sortir pure et lumineuse, même du chaos où l'on auroit fait de vains efforts pour l'enchaîner.

---

(1) La séance levée, le président et le secrétaire se rendirent sur la terrasse, pour *fraterniser*, disoit-on, avec le peuple ; une promenade civique se fit aux flambeaux, et se termina à la place du Carousel, où les bouches qui avoient vomi les plus affreuses imprécations pendant la journée, entonnèrent l'hymne des Marseillois !!!!

(2) Le tocsin sonna encore dans une ou deux sections.

Ce ne pouvoit être là le but des conspirateurs ; ils devoient tout tenter dans leur audace. Anéantir les preuves de leurs crimes, n'étoit pas une mesure suffisante ; il leur falloit anéantir aussi les hommes intrépides et vertueux, qui, au milieu des couteaux et des poignards, avoient eu le courage de saisir les fils de ce dédale, et de pénétrer dans la caverne où ces Cacus avoient forgé leurs forfaits.

Le même conciliabule qui avoit eu lieu dans les nuits précédentes, se tint encore dans celle du 31 mai au premier juin, journée fatale, qui doit être l'époque glorieuse du triomphe de la liberté sur le monstre de l'anarchie ; espoir qui soulage l'ame des vrais républicains, qui ont juré de ne courber jamais la tête que devant les loix, et qui après avoir brisé l'odieux joug du despotisme couronné, ne consentiront point à ployer le genou devant un tyran, dont le sceptre est un poignard et les arrêts des assassinats.

L'anarchie et ses suppôts, réunis dans son repaire, méditoient de porter les derniers coups ; l'homme de sang, au nom duquel je ne salirai pas ce récit, s'y étoit rendu ; il y avoit dicté une adresse de proscription, tendante à commander impérativement à la Convention, de lui livrer les douze membres de la commission extraordinaire, et les vingt-deux députés dont la section de la Halle avoit déjà demandé les têtes ; on avoit eu soin seulement d'en soustraire quelques-uns ; non

pas pour diminuer le nombre des victimes ;
car le couteau de la scélératesse ne veut
rien perdre ; aussi les hommes *de proie*
avoient-ils rempli les cases vuides, et les noms
d'Isnard , et de deux autres collègues bien
dignes d'être inscrits sur cette liste honorable ,
remplacèrent ceux de Valadi , de Lanthenas
et Doulcet [1].

Dès le matin , instruite des arrêtés liberticide de la nuit , instruite des mouvemens
qui se préparoient , une partie des proscrits
se rassembla rue des Moulins , pour délibérer ,
non pas sur ses propres dangers , mais sur
ceux de la patrie. Plusieurs d'entre nous s'é-
toient rendus de bonne heure à l'assemblée.
Lanjuinais , bravant les huées , bravant les
poignards (2) , montrant aux hommes féroces ,
qui calculoient avec impatience les minutes
qu'il avoit encore à exister , un front calme
et serein ; le courageux Lanjuinais , dis-je ,
venoit de demander *la cassation de toute
autorité révolutionnaire dans Paris , de tous
ses actes avec autorisation aux citoyens de
leur courir sus , de saisir ceux qui se préten-
droient revêtus d'une telle autorité.* — Il seroit
difficile de peindre les orages précurseurs de

---

[1] Ce dernier est inconsolable d'être effacé du registre
des proscriptions ; aussi a-t-il fait depuis tous ses efforts ;
aussi manifeste-t-il chaque jour un courage qui doit lui
mériter l'honneur d'une réinscription.

[2] On lui présenta un pistolet à la tribune.

B

la foudre qui étoit prête à éclater, et dont
aucun siècle n'a fourni l'exemple.

A peine achevoit-il, que cette prétendue
autorité révolutionnaire se présente à la barre
et qu'elle y vomit, avec des gestes furieux,
le libelle que le scandale et le crime avoient
fabriqué dans les ténèbres de la nuit. « *Le
peuple est debout*, y étoit-il dit : *sauvez-
le, en lui sacrifiant les traître que son indi-
gnation réclame... justice, ou il se la fera
lui-même !...*

Je ne parlerai pas des applaudissemens
convulsifs qui retentirent et de la montagne
et des tribunes, remplies plus que jamais
des satellites de septembre ; je ne parlerai pas de
la réponse concertée du Président ; mais quel
pinceau pourra retracer la scène horrible qui
se prépare.

On délibère pour la forme ; on exige, qu'à
l'instant on fasse droit au vœu féroce, exprimé
par l'organe des furies. Des cris, des hurlemens retentissent dans le sanctuaire des
loix ; la majorité de l'assemblée cependant
ne cède point à ce premier mouvement de
terreur : elle passe à l'ordre du jour motivé
sur le décret qui renvoie à un rapport qui
doit être fait sous trois jours par le comité
de salut publi c

Le décret n'étoit pas rendu, que ces for-
cenés pétitionnaires se précipitent de la montagne où ils étoient assis, l'un d'eux fait briller
une épée ; *peuple tu est trahi*, s'écrient-
ils ; » ils sortent de la salle en proférant les

plus sanglantes menaces; des hommes, des femmes apostés dans les tribunes se lèvent à leur voix, en poussant des hurlemens affreux; les têtes des députés proscrits, qui étoient présens, sont signalées, *qu'ils n'échappent pas*, devient un cri général; des Sicaires courent aux diverses issues; on croit pendant un moment que le temple des loix va être ensanglanté; d'autres scènes, cependant, se passoient au dehors.

Des bataillons de recrues, destinées pour la Vendee, avoient été recelés dans les casernes de Courbevoie, et retenus sous divers prétexte: on les avoit, pour ainsi dire, affamés depuis plusieurs jours; on les égaroit par des suggestions criminelles; on leur peignoit la majorité de la Convention comme une horde de scélérats, vendus et livrés à Pitt et Cobourg: on allumoit leur haine, et on alimentoit leurs vengeances; il ne restoit plus qu'à les diriger.

La légion de Rozental, tant de fois dénoncée, et de laquelle on s'étoit servi pour plusieurs arrestations arbitraires, particulièrement pour arracher de leurs domiciles un capitaine de la section du contrat social, citoyen estimable, et le maître de l'hôtel de J. J. Rousseau (1), étoit toute devouée aux

---

[1] Le premier étoit un brave et digne artisan, talonier de la rue Ticquetonne; le second étoit coupable d'un grand crime, il logeoit Bergoeing, député de la

projets de la faction liberticide; elle attendoit des ordres, et étoit prête à agir hostilement contre la représentation nationale.

Quant aux bataillons destinées pour la Vendée, ils étoient arrivés dès le matin; d'abord ils avoient fait une pose aux champs-élysées; ils s'étoient rangés ensuite en bataille sur le boulevard de la Madelaine, où ils avoient reçu l'ordre de se diriger vers la place du ci-devant Carrousel, sous prétexte d'y recevoir le prêt, qu'on avoit eu grand soin de suspendre, en rejettant tout l'odieux de ce retard sur la majorité gangrenée de la Convention (1).

Tout-à-coup des émissaires apostés crient dans les rangs que les *traîtres*, que les *conjurés*, que les *Catilina* de la Convention, que ceux *qui entretiennent des intelligences criminelles avec les brigands de la Vendée,* (2) sont enfin découverts, et qu'ils cherchent

---

Gironde, membre de la commission des douze. — *Bayard*, commandant en second du bataillon du Contrat Social, *franc comme son nom*, et peut-être proscrit dans ce moment, chasse cette cohorte; il l'avoit aussi chassée, lorsqu'elle vint pour protéger le désarmement du bataillon provoqué par un scélérat, nommé Guirault, vendu à d'Orléans, et président du conciliabule révolutionnaire.

[1] Ils étoient arrivés le sac sur le dos; on avoit senti la nécessité de ne pas les laisser réfléchir; ils avoient bivouaqué pendant la nuit.

[2] On sait malheureusement à quoi s'en tenir aujourd'hui. On vient de voir Santerre, qui, *nouveau César,*

s'échapper... L'ordre est donné sur-le-champ de charger les armes, et, la bayonnette en avant, ces hommes égarés se précipitent au pas de charge, barricadent toutes les avenues ; ils sont secondés par une troupe de femmes *se disant révolutionnaires*, troupe de furies, avide de carnage, qui ne parloient que d'abattre des têtes, et de les rouler toutes sanglantes dans les flots d'un nouvel Ébre.

Presqu'au même instant, des émissaires répandirent dans les différentes sections des bruits mille fois rebattus, *qu'il y avoit des hommes suspects, des contre-révolutionnaires déguisés, qui vouloient faire un coup ;* il paroît vraisemblable aussi que Hanriot fit exécuter un des plans arrêtés par ses complices, celui de baricader les rues, et d'exiger les cartes de citoyen ; l'on devine facilement le but de cette mesure inquisitoriale : on ne vouloit pas qu'aucune des victimes désignées aux poignards échappât. « *Une fois que nous les tiendrons, disoit un des conjurés, à l'aide de quelques trames liberticides, dont nous prouveront qu'ils sont les instrumens, nous feront tomber leurs têtes sous la hache vengeresse du peuple ; quand nous les aurons fait disparoître, l'intérêt qu'ils pourroient inspirer cessera : on*

---

écrivoit d'Orléans ; je *viendrai, je verrai, je vaincrai ;* on vient de le voir, dis-je, fuir lâchement, se laisser couper et livrer à l'ennemi les seuls boulevards peut-être d'où dépendoit le salut de la République.

B 3

*oublie bientôt un mal où il n'y a plus de remède, mais pour cela il faut les tenir TOUS ».*

Mon journal du 31 Mai, qu'ils ont intercepté dans les Départemens (1), leur prouvoit trop que j'étois instruit de leurs abominables projets, pour qu'ils ne présumassent point que je pouvois échapper à leurs poignards. Ici je suis obligé de parler un instant de moi, puisque principale victime de la conjuration du 10 Mars, je me trouve encore celle sur qui ils ont exercé leur rage ; je vais prouver à ces scélérats que je méritois cette honorable préférence.

Je le répète, je connoissois tous leurs projets ; et le dimanche, à cinq heures du matin, j'avais note de leurs arrêtés ; je n'ignorois aucuns des attentats qu'ils se proposoient de commettre ; mais s'il étoit impossible d'en empêcher la fatale exécution, je prévis au moins qu'il importoit de réduire le tarif de leurs proscriptions sanglantes ; je me transportai en conséquence de bonne heure chez l'un de mes estimables collègues ( *mon ami Grangeneuve* ), je lui rendis compte des évènemens qui se préparoient ; je l'invitai à se réunir au plus grand nombre de proscrits qu'il pourroit rencontrer ; « l'heure n'est pas encore » sonné, lui dis-je, je vais à la séance, pour

---

[1] Il a été distribué à Paris, au moins en grande partie ; j'y rendois compte par anticipation et du complot et de ses résultats.

» instruire ceux que tu ne pourras prévenir,
» j'ai l'espoir que mon dévouement ne me sera
» pas fatal » ; le lieu de la réunion indiqué, je
le quittai (1).

Témoin des scènes affreuses qui s'y passoient,
je tins bon jusqu'au moment du signal affreux
qui fut donné aux tribunes et qui fut répété au
dehors ; les sabres levés, l'irruption soudaine
faite à toutes les issues m'annoncèrent ou plutôt
confirmèrent mes résultats ; je dis un mot à
Lanjuinais ; ce fut le seul auquel je pus parler ;
le sort de mes autres collègues m'occupa uni-
quement alors, il falloit les instruire, il n'y avoit
pas un moment à perdre (2).

Je sors de la salle ; je n'éprouve aucune dif-
ficulté que dans l'hôtel de Brionne où plusieurs hommes et femmes armées de briquets
me barrent le passage ; un mouvement vio-
lent fait avec le pommeau de la canne que
je portois, mais plus encore, la bruyante ar-
rivée des *proscripteurs à écharpe* qui se fai-
soient précéder de tambours, me délivrèrent,

---

[1] Elle eut lieu rue des Moulins ; il faut que les conspirateurs sachent tout ; et si, sous le couteau, j'ai con-
tracté l'habitude de ne leur rien céler, je ne la perdrai pas
sur la terre de l'hospitalité.

[2] Sur le proposition de l'un de nous, il avoit été
arrêté, que toutes les victimes désignées se rendroient à
la séance, et là expireroient à la tribune ou feroient entendre la voix de la vertu opprimée : ils venoient de m'en
donner avis, c'en étoit fait d'eux si je n'avois pas eu le
bonheur de les prévenir.

et je sortis au milieu de nos bourreaux, qui tout occupés à soulever le peuple, ne m'apperçurent pas, quoiqu'un grand nombre me connût (1).

J'arrive rue des Moulins, à l'instant même où mes collègues alloient se rendre en masse à la Convention (2). Je leur fais part de ce qui se passe : je les somme au nom de la patrie, de n'aller pas impunément se livrer aux assassins ; je leur démontre qu'ils seroient inévitablement sacrifiés sans que leur sacrifice pût être utile à la chose publique ; je me retire le dernier, et lorsque je suis sûr qu'ils sont tous, sinon en sûreté, du moins en position d'y pourvoir.

Je rends compte particulièrement de ce fait, parce que c'est à l'oubli de mon propre salut, pour m'occuper de celui de mes estimables collègues que je dois la liberté de respirer l'air pur d'une terre hospitalière....

« Généreux Calvadociens ! recevez ici le tribut de ma reconnoissance : c'est vous qui pouvez particulièrement me juger ; vous connoissez tous mes crimes ; depuis le commencement de la révolution vous avez lu l'ouvrage périodique que j'ai consacré à la défense des prin-

---

[1] Je fuis signalé rue de l'Échelle par Simond, l'un des proconsuls au Mont-Blanc ; mais il se contenta de me fixer.

[2] Je crois avoir dit plus haut qu'un tiers s'étoit rendu à la Convention.

cipes, à la propagation du patriotisme et des vertus sociales....

Généreux Calvadociens ! mes crimes sont ceux des trente-quatre victimes que les poignards de l'anarchie poursuivent. Nous avons tous lutté pour la même cause... Ah ! si vouloir donner une constitution à la république ; si vouloir maintenir son unité et son indivisibilité ; si vouloir réunir tous les citoyens dans les douces étreintes de la fraternité ; si défendre les propriétés des attentats du brigandage ; si combattre toutes les têtes de l'hydre du despotisme ; si au milieu des couteaux et des feux cachés sous une cendre perfide , poursuivre les Tribuns , les Dictateurs , les Triumvirs ; si arracher le masque aux tyrans de toute espèce ; si avoir signalé cent fois un scélérat fameux dont la bouche impie n'a prononcé l'arrêt de mort de Louis, que pour se faire de son cadavre sanglant un échelon au trône ; encore une fois, si ce sont-là des forfaits ; si ce sont des forfaits que d'avoir prêché à la tribune ou dans nos écrits le respect des personnes et des propriétés !.... Si ce sont des forfaits d'avoir vengé la liberté sainte des attentats d'une licence effrénée ; que le champ de l'hospitalité devienne pour nous celui de la mort !.... qu'il ne reste aucune trace de nos tombeaux ! que la mer qui baigne le rocher célèbre qui vous a donné son nom roule nos restes impurs dans ses gouffres les plus profonds !... Mais que dis-je, vous nous avez rendu justice .... et le chêne civique que vous nous avez offert reverdira pour nous, pour nos amis, pour nos enfans; il couvrira notre urne, et lorsque nous ne serons plus, nos neveux viendront, sous son ombrage, célébrer dans des hymnes civiques les vertus hospitalières et les douceurs des ames reconnoissantes.

Après avoir payé à la gratitude le juste tribut que je lui devois, je reprends mon récit.

Je venois de remplir un devoir sacré; il en étoit un dernier bien cher à mon cœur, c'étoit celui d'aller embrasser ma famille; je croyois que les bourreaux m'en laisseroient encore le tems; je cours chez moi; un ami me reconnoît, « fuyez, me dit-il, votre maison est un pil- » lage; on traîne dans ce moment votre neveu » à la mairie; et les scélérats qui vous dévas- » tent demandent votre tête à grands cris (1), » fuyez, encore une fois »... Je suivis un conseil salutaire, qui peut-être n'a retardé que de quelques instans l'heure fatale qui étoit sonnée pour moi. S'il elle se prolonge encore quelque tems, je me propose de rendre compte

---

[1] Voici ce qui s'est passé : soixante sicaires, armés de pistolets et de sabres, tombent à l'improviste dans ma maison [ N. B. *cinq ou six heures avant que le décret fût rendu* ]; ils se précipitent d'abord dans une retraite où je travaillois ordinairement; ils en enlèvent les papiers *pêle-mêle, sans ordre, sans reconnoissance, sans les cotter ni les parapher*; ils escaladent ensuite mes trois atteliers; ils pillent, renversent, brisent, saccagent, jettent par les fenêtres, caractères, casses, ustensils d'imprimerie; rien n'échappe à leur rage dévastatrice. Ils descendent ensuite furieux dans le logement qui recéloit

de faits bien chers à mon cœur, et que la pru-
dence me force à contenir, pour ne pas com-
promettre les respectables amis qui m'ont offert
un asyle ; et qu'une commune audacieuse a proscrits ( 1 ).

---

ma famille ; ils arrachèrent de son lit ma fille aînée, qui
s'étoit brûlé la veille les deux jambes ( a ) ; ils la traînent
nue sur le carreau ; ma femme leur reproche leur féro-
cité ; ils se saisissent d'elle ; ils veulent l'entraîner à ma
place ; ils la menacent d'une affreuse prison. Son courage l'abandonne ; la douleur d'être ravie des bras de ses
enfans éteint en elle le courage d'un ame libre ; elle
tombe aux genoux de ces barbares qui se bornent, après
mille excès, à traîner mon neveu et un ami à la mairie.
Le croiroit-on ! un homme en écharpe commandoit ces
horribles attentats ; et tel étoit l'aveuglement de ses misé-
rables, qu'ils mirent les scellés sur les atteliers qu'ils
avoient saccagés. Ainsi, le crime a mis son cachet sur
les lieux mêmes où il avoit exercé son brigandage. Maillard, le féroce Maillard, président des massacres de Septembre, étoit à la tête de cette horde sacrilège.

---

(a) La veille, épouvantée par le tocsin, et apprenant
que deux de mes fidèles ouvriers venoient d'être arrêtés ;
tremblante que je ne le fusse moi-même, elle s'étoit laissé
tomber sur les jambes une chaudière d'eau bouillante.——
J'observerai que ma maison a fourni à ces bourreaux cinq
victimes : mon secrétaire, deux de mes ouvriers, un ami
et mon neveu ont été arbitrairement arrêtés. Mon neveu
*Aide-de-camp du général Labourdonnais, fait prison-
nier et blessé à l'affaire du 20 juin*, n'a pas tardé à
recouvrert sa liberté ; j'ignore le sort des quatre autres.
(Tous ces faits sont constans).
[1] Par un arrêté du 3 juin, la commune de Paris a

Ici devroit se terminer un récit fondé sur des faits dont j'ai été témoin, sur des attentats dont j'ai été la victime.... J'ai dit la vérité, la vérité toute entière; je vais la dire encore, ou plutôt je vais mettre en scène mon collègue Lanjuinais.

Je l'avois laissé descendant de la tribune, je l'avois quitté dans ce moment critique, où Calon, environné d'assassins, n'a plus qu'à s'envelopper dans son manteau... ( 1 ).

Le décret *d'ordre du jour motivé*, qui avoit été rendu à une majorité immense, n'existoit plus; il avoit été, s'il m'est permis de m'exprimer ainsi, il avoit été brisé par les poignards.

---

déclaré que les personnes qui auroient recélé les députés qu'elle vouloit sacrifier à ses vengeances, étoient contre-révolutionnaires, et seroient punies comme telles.

[1] O mon digne collègue, ô mon ami ! je rappellerai toujours les paroles que tu me dis en me serrant la main ! j'ai rempli tes vœux ; je les ai remplis au péril de ma vie ; puissions-nous un jour nous réunir, ne fût-ce que pour un seul instant ; puissions-nous, dans un doux épanchement, nous entretenir *tous ensemble* des dangers qu'a courus notre chère patrie; puissions-nous, lorsqu'elle sera délivrée des convulsions de l'anarchie, la voir tranquille et florisante sous l'empire de loix justes ; puissions-nous voir nos concitoyens jouir de cette liberté, de cette égalité touchante, fondée sur les bases immuables du bonheur !.... Oh ! comme alors nous aurions du plaisir à cesser de vivre !... Mais mourir sous le conteau des assassins !.... mourir calomniés, sans pouvoir confondre nos calomniateurs !... Mourir, condamnés peut-être par le tribunal qui a acquitté Marat... qui a fait triompher arat !...

La montagne ne daigne pas même en demande
le rapport, et les tribunes ordonnent qu'on
délibère, ou plutôt qu'on décrète la *volonté
suprême* de la commune révolutionnaire de
Paris. Le trop foible et vaniteux Barrère se
présente pour la forme ; organe du comité de
*salut* ou plutôt du *malheur public*, il annonce
*que l'inquiétude nationale* s'est manifestée
dans Paris et dans les départemens, sur quelques-uns de leurs députés. Il en appelle à leur
*conscience* ; il en appelle à leur *générosité* ;
car il n'ose pas leur imputer l'ombre d'un délit;
il sait trop que leurs principes, que leur courage, que leur haîne pour la tyrannie sont les
seules causes de leur honorable proscription ; sa
bouche se refuse même à prononcer qu'*ils ont
perdu la confiance...* « Que ceux , dit-il , qui
» ont *paru* perdre cette confiance, fassent eux-
» mêmes le sacrifice de leurs pouvoirs; *ce n'est
» point ici une mesure pénale....* Nouveaux
» Curtius! je viens vous ouvrir à regret l'habîme
» duquel doit sortir le salut de la république,
» la suspension de vos pouvoirs ; voilà ce que
» votre patrie vous demande; la Convention
» vous met sous la sauve-garde de la loi... »

Isnard , Fauchet , Lanthenas , Dussaulx , le
respectable Dussaulx , recommandable par soi-
xante-dix années de vertus, qu'on n'avoit pas
rougi d'inscrire sur la liste fatale , consentent
à cette suspension , ( puisqu'on leur dit que
le salut public en dépend ). Barbaroux , qui
venoit de recevoir de Marseille des titres les
plus flatteurs , déclare aussi qu'il consent à

cette suspension, si un décret l'ordonne. Cette déclaration fournit à Chabot le prétexte d'une sanglante ironie (1). Lanjuinais, indigné, s'élance à la tribune ; des huées l'y poursuivent ; et s'il obtient du silence, il ne le doit qu'à la curiosité des uns, et à l'épuisement des autres, et sur-tout à sa courageuse obstination (2).

« Si jusqu'alors j'ai montré quelque courage, dit-il, je l'ai puisé dans l'ardent amour qui m'anime pour la patrie et la liberté : je serai fidèle à ces mêmes sentimens, jusqu'au dernier souffle de ma vie. Ainsi n'attendez pas de moi de *suspension*....

[ La Montagne interrompt avec violence ; Lanjuinais ne se déconcerte pas et poursuit en ces termes ].

« Je dis à mes interrupteurs, et sur-tout à Chabot qui vient d'injurier Barbaroux : On a vu orner les victimes de fleurs et de bandelettes, mais les prêtres qui les immoloit ne les insultoit pas.... Je le répète : n'attendez de moi ni démission, ni suspension momentannée ; n'attendez aucun sacrifice. *Je ne suis pas libre, pour en faire*, et vous ne l'êtes pas vous-mêmes pour en accepter. La Convention est assiégée de toutes parts, par de

_______

(1) *Barbaroux est dans les principes*, s'écrie-t-il, *à merveille !*

[2] Il s'étoit de nouveau accroché à la tribune, comme il l'avoit déjà fait le matin, lors de la scène du pistolet.

nombreuses troupes armées ( 1 ) ; les canons
sont dirigés sur elle : des consignes criminelles
vous arrêtent malgré vous aux portes de cette
salle. On vous insulte, on vous outrage, en
vertu d'un édit du *comité révolutionnaire*,
de cette autorité rivale et usurpatrice, qui
menace de détruire la république et de ravir
notre liberté naissante. On vient de faire
charger les fusils, et il n'est pas permis, sans
risquer sa vie, de se montrer seulement aux
fenêtres qui environnent cette salle.

« Si vous étiez libres, je dirois : je n'ai pas
le droit d'abjurer, au gré des factieux, l'au-
guste mission qui m'est confiée ; j'appartiens
à la république entière, et non à cette seule
portion de citoyens égarés, que de grands conspirateurs font mouvoir, et qui, s'ils s'expli-
quoient eux-mêmes librement, et en connois-

---

(1) La générale avoit battu de toutes parts, un ordre
de Hanriot avoit fait descendre les faubourgs ; plusieurs
bataillons environnoient aussi la Convention ; mais l'on
doit cette justice à la majorité des citoyens qui les com-
posoient, qu'ils s'imaginoient être là pour la défendre ;
d'ailleurs on avoit égaré les cannoniers sur-tout de quelques sections, en leur disant que le comité de salut
public avoit mis au plus grand jour les crimes des proscrits ; leurs intelligences avec Pitt, Cobourg et les brigands de la Vendée ; et à mon égard, on faisoit revivre
une calomnie surannée. « *Son frère est à la tête des
rebelles, on l'a pris les armes à la main ; avant d'être
guillotiné il a avancé qu'il étoit d'accord avec le scélérat Gorsas de la Convention; d'ailleurs on a trouvé
des lettres, ect.* ». Ces propos furent répétés les jours
suivans dans les groupes.

sance de cause, s'élèveroient pour moi, contre ceux qui me persécutent ; je ne me suspendra donc point volontairement, à l'époque des plus grands dangers de ma patrie....

« Je me trompe, citoyens, si vous étiez libres, je n'aurois rien à dire... Je n'avois rien dit, quand, après une longue discussion, vous prononçâtes dans cette même cause et à la presqu'unanimité, ce décret célèbre, qui imprima le sceau de l'infamie sur le front de mes calomniateurs... Vous étiez libres alors... Votre jugement souverain seroit-il rétracté ? Le seroit-il valablement, sous les canons et les bayonnettes qui se dirigent contre la représentation nationale ».

J'ai encore la faculté de faire entendre ici ma voix... Eh bien j'en userai, pour vous donner un conseil digne de vous, qui peut vous couvrir de gloire et sauver la liberté. Osez manier avec vigueur le sceptre de la loi déposé en vos mains ; cassez, je le répète, toutes les autorités qu'elle ne reconnoît pas ; défendez à toutes personnes de leur obéir ; énoncez la volonté nationale, et ce ne sera pas en vain ; les factieux seront abandonnés des bons citoyens qu'ils abusent... Si vous n'avez pas ce courage, c'en est fait de la liberté. Je vois la guerre civile déjà allumée dans ma patrie, étendre par-tout ses ravages, et déchirer la France en petits états ; je vois l'horrible monstre de la dictature ou de la tyrannie, sous quelque nom que ce soit, s'avancer sur es monceaux de ruines et de cadavres, vous

engloutir

engloutir successivement les uns et les autres, et renverser la république. »

( *Ici : c'est Lanjuinais qui va continuer le narré des évènemens de cette journée trop fameuse. L'on y trouvera quelques répétions de ce que j'ai dit précédemment; je n'ai pas cru devoir y rien changer.* )

Un mouvement simultané de l'assemblée a suivi de près ce discours. La Convention, assiégée, *de l'aveu même de Lacroix et de Barrère*, par la force armée et dans des desseins liberticides, casse, par un decret, la consigne qui la rendoit captive.

Les sentinelles *extraordinaires* refusent d'obéir. La Convention se présente en corps, le président Hérault à la tête; on regardoit la séance comme levée. Les sentinelles des portes et des escaliers n'insistent plus, mais toutes les avenues extérieures du côté de la cour et du jardin des Tuileries étoient fermées en dehors et en dedans par la troupe armée.

Cette troupe étoit d'environ 80,000 hommes, parmi lesquels il y avoit près de 3000 canonniers avec 163 pièces de canon.

Là, indépendemment, étoient encore des détachemens de la garde nationale de Courbevoye, ceux de Saint-Germain-en-Laye, de Melun et de Versailles, arrivés dans le jour, et auxquels le comité révolutionnaire avoit fait distribuer l'étape.

On sait que Santerre a été dénoncé à la commission des douze, comme devant ramener dans Paris les contingens de la Vendée.

Là, on distinguoit une partie de ces hussards royalistes de la légion de Rozentall. A leur tête étoient Hanriot et ses aides-de-camp, choisis parmi ses complices de Septembre.

Il y avoit aussi des fourneaux avec grils, pour chauffer des boulets rouges, dans les Champs-Élisées : un corps de réserve nombreux dans le bois de Boulogne, où il avoit bivouaqué la nuit du samedi au dimanche, avec 14 pièces de canon.

Les bataillons des sections les plus contre-anarchiques de Paris étoient aux postes les moins importans et les plus éloignés.

Le mot d'ordre étoit *insurrection et vigueur.*

Un militaire à-cheval a été vu distribuant à des soldats des assignats de cinq livres.

Marat avec Hanriot et autres officiers, avoit visité le 31 mai, les principaux postes dans la ville ; Marat avoit donné des *ordres* autour de la salle pendant la séance même du premier juin.

Un municipal révolutionnaire de Paris avec son écharpe, *s'étoit emparé du comité de sûreté générale de la Convention ;* il y faisoit la police sur les gens suspects aux sentinelles de la faction. Un député y a été conduit et interrogé, et baffoué comme n'étant pas *de la Montagne.*

Enfin les barrières étoient gardées, et Paris étoit cerné à cinq à six lieues à la ronde par un cordon de troupes armées.

La Convention se présente pour sortir par la grande porte sur la place du Carrouzel ;

les députés avoient la *tête nue* ; le président seul étoit *couvert*, en signe du danger de la patrie, les huissiers de la Convention le précédoient ; ils ordonnent d'ouvrir le passage.

Hanriot s'avance à cheval avec ses aides-de-camp, et enfonçant son chapeau sur sa tête, il son tire sabre ; « F... s'écrie-t-il, vous n'avez point d'ordre à donner ici, retournez à votre poste, *livrez les députés* que le peuple réclame. »

Des députés insistent ; Hanriot recule de quinze pas et crie : *aux armes !... canonniers à vos pièces !* La troupe qu'il commande se dispose à la charge ; on a même vu des fusils en joue, dirigés sur les députés ; des canonniers semblent se disposer à mettre le feu à leurs canons ; les hussards tirent leurs sabres.

Le président se retire et se présente avec l'assemblée à toutes les troupes successivement dans la cour et dans le jardin, sans trouver d'issue nulle part.

Cependant la plupart des troupes armées, crioient, le chapeau à la pointe de la bayonnette, ou de la pique : *vive la république ! vive les députés ! la paix, la paix ! des loix, des loix ! une Constitution !..* Un petit nombre crioit, *vive la Montagne, vive les bons députés* ; un plus petit nombre encore : *à la guillotine Brissot, Gualet, Vergniaud, Gensonné, Pétion, Gorsas, Barbaroux, Buzot*, etc. *l'infame commission des douze* : ceux-là paroissoient ne s'arrêter que faute de mémoire ; d'autres enfin : *purgez la Convention ; tirez le mauvais sang....*

Lorsque la Convention quittoit la salle de ses séances, les députés ( qu'on appelle de la Montagne ), furent les derniers à partir. On leur crioit de la tribune au-dessus d'eux, je ne sais dans quelle vue : *N'allez pas, n'allez pas ; que les bons montagnards restent :* mais la plupart sortirent.

Il en resta environ une vingtaine avec Marat. Ils lièrent conversation avec cette tribune affidée ; chacun annonçoit hautement, et la rentrée prochaine dans la salle, et le décret d'accusation contre les proscrits.

Tout-à-coup, Marat craignant sans doute qu'on eût obéi à la Convention, à quelqu'un des postes, sort avec précipitation. Il apprend que la Convention se rend vers le pont tournant ; il y accourt très-vivement, suivi bientôt d'environ cent cinquante sicaires déguenillés, qui crioient : *vive Marat !* Il s'écrie : *je vous somme, au nom du Peuple, de retourner à vos postes que vous avez lâchement abandonnés.*

Là on entendit Marat crier : *sacr..., il vous faut un roi, f.... il vous faut un chef.* (1) *vous ne pouvez pas nous sauver !*

---

[1] Cette provocation avoit été trop publique pour que ce scélérat osât la nier. Voici en quels termes il essaya de s'excuser le lendemain à la tribune des jacobins. [ Voyez page 36 du jour. *dit* de la Montagne. ] « *J'ai été dénoncé pour demander un maître, un chef.... Il est désagréable*

L'assemblée dévore en silence ces humilia-
tions, ces outrages; elle rentre; les tribunes
se trouvent occupées par des hommes armés
de fusils. Les députés sont de nouveau consignés aux avenues de la salle.

Couthon, le traître et lâche Cauthon, dit
que chacun, maintenant, doit être bien ras-
suré sur la liberté de la Convention, et qu'il
faut faire justice au Peuple.

Couthon achève de se couvrir d'infamie,
en dictant aux représentans du peuple, et
modifiant en société avec Marat, la liste des
proscrits. Ils en retranchent trois, Dusaulx,
Ducos et Fonfrède; ils en proposent quatre,
Fermond, Valazé et les ministres Clavière et
Lebrun, et toujours sans aucuns motifs; ils
n'osent pas insister contre Fermond. Ils veulent d'abord que ceux qui ne se sont pas
soumis à la suspension, et ceux qui sont
absens, soient envoyés à l'Abbaye; ensuite,

---

*de parler français devant des ignorans qui ne l'enten-
dent pas, ou des frippons qui ne veulent pas l'entendre.*

*Hier soir à neuf heures, des députations de plusieurs
sections vinrent me consulter sur le parti qu'elles devoient prendre. Quoi! leur dis-je, le tocsin de la
liberté sonne, et vous demandez des conseils! J'ajoutai
à cette occasion; je vois qu'il est impossible que le
Peuple se sauve sans un Chef qui dirige les mouvemens. Des Citoyens qui m'entouroient s'écrièrent!
Quoi! vous demandez un Chef? Non repliquai-je,
je demande un guide et non pas un maître, et c'est
bien différent. (Note de GONSAS.)*

ils se contentent de demander que tous soient
mis en arrestation chez eux. De généreux
députés s'indignent et protestent hautement
contre la violence et contre ce qu'on va faire.
La liste est décrétée en masse et fort lente-
ment par le président Hérault, quoiqu'un côté
ne prît point de part à la délibération, ou
n'en prît que pour réclamer.

La séance est levée; mais il étoit défendu
de sortir: il fallut reprendre quelques vains
débats, et attendre une demie-heure, pendant qu'on alloit solliciter la levée des consignes, soit auprès du commandant Hanriot,
soit auprès du comité révolutionnaire, ou
pour mieux dire, contre-révolutionnaire. —
O Parisiens ! voilà ce que les factieux appellent
une superbe journée, une belle insurrection
*morale ;* et moi je vous dis que c'est le plus
horrible attentat qu'on puisse commettre ;
c'est un grand mouvement contre révolutionnaire ; c'est la dissolution de la Convention ;
c'est la mort de la république et de la liberté ;
c'est la ruine entière de Paris ; il ne suffit
pas d'agiter vos chapeaux au bout de vos
piques et de vos bayonnettes, et de crier : *vive
la République !* Les tyrans arrêtent maintenant par centaines, vos parens, vos voisins,
vos amis, ils les massacreront demain comme
en Septembre ; ils vous désarmeront, ils vous
pileront, comme ils se tuent de le dire depuis si long-tems, et vous feront crier bientôt *vive le Roi !...* Vous deviendrez ainsi la
risée de l'Europe, le jouet des puissances coali-

sées et dans les départemens qui s'éveillent enfin. Votre ville superbe ne sera plus qu'un affreux désert, et vous l'aurez bien mérité par votre insouciance. Debout, Parisiens ! il est temps encore de sauver la liberté et l'unité de la république ; mais il n'y a plus qu'un moyen.

Faites rentrer dans le néant les autorités illégales qui nous oppriment, et ralliez-vous sans delai à l'intégrité de la représentation nationale !!!! » --

§. Lanjuinais, dans l'exposé qu'on vient de lire, s'est borné à retracer quelques faits sans suivre aucun plan ; ils les a retracés à mesure qu'ils se passoient sous ses yeux ; et s'ils manquent de cette liaison qui en rend le principe et les conséquences plus faciles à saisir, l'on y trouve au moins cette franchise, cette vérité qui leur donne je ne sais quel caractère touchant qui convainc : voilà encore une fois le motif qui m'a déterminé à les consacrer dans toute leur intégrité.

Il n'a point dit, par exemple, et j'ai oublié de le dire moi-même, qu'une horde d'anarchistes s'étoit portée à l'hôtel des postes, et qu'à main armée elle avoit arbitrairement mis en état d'arrestation les directeurs : il n'a point dit que le secret de la pensée avoit été violé ; que tous les journaux qui pouvoient éclairer les départemens avoient été arrêtés, leurs auteurs poursuivis, et que plusieurs avoient été jettés dans les fers.

Il n'a point dit qu'on ne s'étoit pas contenté de rompre le scean des lettres même indifférentes, et que les assignats ont disparu de celles qui en contenoient; il n'a point dit que, pendant quatre ou cinq jours consécutifs, aucun des représentans formant la majorité de la Convention n'a reçu ses correspondances; que les plus essentielles qui pouvoient même intéresser la chose publique, ont été interceptées.

Il n'a pas dit qu'à la suite de l'horrible journée du 2, et dès le soir même, les citoyens qui avoient eu le courage de manifester des opinions *anti-liberticides*, ont été incarcérés, arrachés du sein de leurs familles; il n'a pas dit que plusieurs épouses et mères ont expiré de douleur et d'effroi à la suite de ces excès désastrueux. (1)

Il n'a pas dit que, comme au mois de septembre, les prisons se trouvant encombrées de victimes, un nombre prodigieux a été *parqué* dans des édifices publics : atrocité contre laquelle plusieurs sections ont réclamé depuis.

Il n'a point dit, qu'indépendamment des trente-quatre proscrits dont les têtes devoient tomber sous la hache d'un certain peuple

---

(1) Peuvent-ils avoir été moins désastrueux que le résultat de ceux consignés dans le *Courier de l'égalité*, et qui ont eu lieu dans l'un de nos départemens ravagé par la peste proconsulaire ! ma plume se réfuse à les retracer : j'invite le lecteur à surmonter un instant sa juste horreur et à les lire.

auquel ont avoit promis le pillage, des milliers de devoient expier par une mort violente, et au son du tocsin, le crime impardonnable d'avoir essayé de défendre les propriétés, et d'avoir présenté ou signé des pétions et des adresses contr'anarchiques.

Il n'a point dit qu'on avoit voulu faire revivre les listes de proscription, qu'un décret de la Convention nationale avoit justement anéanties.

Il n'a point dit que, pour couvrir tous ces attentats ou pour les légitimer, on avoit fabriqué une foule de prétendues preuves de complots, de trahisons contre les victimes immolées, qui, une fois ensevelies dans la nuit du tombeau, n'auroient pu être évoquées pour venger leur mémoire outragée.

Il n'a point dit que, pour égarer les départemens ( et ce crime est plus grand de tous ), que pour endormir leur juste vengeance, ces bourreaux de la Patrie, qui, toutes les fois qu'il s'agissoit de délibérer sur la Constitution, poussoient d'indécentes huées; qui disoient hautement, soit par eux-mêmes, soit par leurs proconsuls, qu'il ne falloit s'en occuper qu'après une guerre dont ils attisoient le feu, qu'après une guerre que leur désorganisation seule a rendue désastreuse. Il n'a pas dit enfin que ces hommes féroces avoient fabriqué dans leurs cavernes obscures, un squelette informe, auquel ils ont donné le nom de *Constitution*: constitution qu'ils ne veulent pas, à laquelle ils ne croient pas;

squelette d'argile enfin , qu'ils briseroient de la même main qui l'a forgé.

Audacieux tribuns ! tyrans de mon pays ! il nous étoit réservé de respirer quelques instans sur une terre libre , pour dévoiler vos criminelles trames , et pour faire entendre la voix de la vérité ! Il nous étoit réservé de montrer à nud vos forfaits , et d'arracher à vos serres cruelles les derniers lambeaux du corps politique que vous épuisez , que vous déchirez depuis six mois. Vous avez hésité ; vous avez remis au lendemain pour nous dévorer : sans doute nous ne sommes pas encore hors de vos atteintes ; vous avez les trésors de l'état ; vous avec des Sicaires et des poignards ; mais nous aurons existé assez pour manifester notre innocence , et dévoiler vos longs forfaits... Préparez vos échafauds ; appellez vos licteurs ; que nos têtes tombent aujourd'hui sous un fer assassin ; des vengeurs naîtront de nos cendres , et notre mémoire , du moins , sera vengée !

LISTE *des Députés proscrits, avec la désignation
de leurs Départemens.*

1. Lanjuinais, ( Isle et Vilaine. )   11. Salle , ( Meurthe. )
2. Pétion , ( Eure et Loire. )   12. Rabaud , ( Aube. )
3. Gensonné , ( Gironde. )   13. Barbaroux , ( Bouches du
4. Le Hardy, ( Morbihan. )       Rhône. )
5. Buzot , ( Eure. )   14. Brissot , ( Eure et Loire. )
6. Chambon , ( Corrèze. )   15. Lasource , ( Tarn. )
7. Grangeneuve , ( Gironde. )   16. Louvet , ( Loiret. )
8. Gorsas, ( Seine et Oise. )   17. Valazé , ( Orne. )
9. Guadet , ( Gironde. )   18. Le Sage , ( Eure et Loire. )
10. Biroteau, ( Pyrén. Orien-   19. Lidon , ( Corrèze. )
      tales. )       20. Vergniaud , ( Gironde. )

*Noms des Membres proscrits de la Commission des XII.*

21. Boileau, ( Yonne. )   26. Kervelegan, ( Finistère. )
22. Gommaire, ( Finistère. )   27. Mollevault , ( Meurthe. )
23. Gardien, ( Indre et Loire. )   28. Vigée , ( Maine et Loire. )
24. Henri-Lariviere, ( Calva-   29. Bertrand - L'hodiesnière ,
      dos. )       ( Orne. )
25. Bergoeing , ( Gironde. )

*Noms de ceux qui étoient proscrits et qui ont été retirés
des précédentes listes.*

30. Fauchet , ( Calvados. )   33. Isoard-Valady , ( . . . . . )
31. Lanthenas , ( Somme. )   34. Le Hardy , ( Seine - Infé-
32. Doulcet , ( Calvados. )       rieure. )

Isnard et Fauchet ayant consenti la suspension de leur
fonctions , n'ont point été mis en état d'arrestation.

*Nota.* Dussaulx de Paris avoit aussi été désigné et compri
dans la liste ; St.-Martin-Valogne de l'Ardèche et Fonfrède
de la Gironde, membres de la commission des 12 , ont été
également retirés sur l'observation qu'ils n'avoient pas con-
couru aux mandats d'arrêt d'Hébert et Varlet , etc.